PROJET

SUR LA RÉDUCTION DES RENTES

SUR L'ÉTAT,

5 P. 100 CONSOLIDÉS,

ADRESSÉ

A SON EXCELLENCE LE MINISTRE DES FINANCES,

Le 29 Juin 1829;

SUIVI

D'UNE LETTRE AU RÉDACTEUR DU JOURNAL LA QUOTIDIENNE,
SUR LE PLAN DE RÉDUCTION PUBLIÉ DANS SA FEUILLE DU
3 NOVEMBRE 1829,

ET D'UNE LETTRE DE M. LE GÉNÉRAL FOY A L'AUTEUR,

Du 10 Avril 1824;

PAR L. THÉROUENNE DELARBRE.

PARIS,

IMPRIMERIE DE J. GRATIOT,

Rue du Foin-Saint-Jacques, maison de la Reine Blanche.

1829.

A SON EXCELLENCE

MONSEIGNEUR

LE MINISTRE SECRÉTAIRE D'ETAT

AU DÉPARTEMENT DES FINANCES.

MONSEIGNEUR,

J'ai l'honneur de vous adresser ci-joint le projet relatif à la réduction des Rentes 5 p. 100, pour lequel j'avais prié votre Excellence d'avoir la bonté de m'accorder une audience.

L'avis qu'elle a bien voulu me faire transmettre le 27 de ce mois ne m'est parvenu qu'aujourd'hui.

Je suis, etc.

L. T. DELARBRE.

Paris, le 29 juin 1829.

OBSERVATIONS

SUR LE PLAN A ADOPTER

POUR LA RÉDUCTION DES RENTES 5 P. 100.

On ne peut se refuser à reconnaître que, si le gouvernement est en droit de réduire l'intérêt des rentes 5 p. %, consolidés, en proposant le remboursement au pair à ceux qui ne trouveront pas le taux de 4 p. % assez élevé, l'usage de ce droit, en faisant un grand nombre de mécontens, influerait d'une manière désastreuse sur les moyens d'existence des personnes qui, ayant toute confiance dans la stabilité du 5 p. %, consolidé, y ont placé leur fortune.

La déduction d'un cinquième sur un revenu trop souvent à peine suffisant aux dépenses habituelles serait un coup terrible que l'offre du remboursement ne pourrait adoucir ; car, comment espérer placer avec avantage ses fonds, quand, par l'effet même du remboursement, des capitaux considérables seront disponibles ?

D'un autre côté, si, par système et pour contrarier le gouvernement dans ses vues, la presque totalité des rentiers demande le remboursement, le gouvernement peut se trouver très embarrassé pour satisfaire à cette demande générale. Il n'y parviendra que par un emprunt considérable en 3 p. %, dont l'émission avilira le cours ; et dans le cas où un autre emprunt pour les besoins de l'Etat deviendrait nécessaire, il ne réussirait à le faire qu'aux conditions les plus onéreuses, par suite de la détérioration du cours, résultant d'une trop grande quantité de 3 p. % entre les mains des spéculateurs. Le crédit de l'Etat ne pourrait-il pas se trouver gravement compromis ?

Une réduction successive, effectuée de la manière indiquée au projet ci-joint, n'aurait pas le même inconvénient.

Suivant ce projet, à partir du 22 mars 1830 (échéance du semestre des rentes 5 p. %), toutes les rentes 5 p. % passant à de nouveaux propriétaires seraient réduites à 4 p. %. Les propriétaires antérieurs à la dite époque continueraient à jouir de l'intérêt de leurs rentes sur le pied de 5 p. %, tant qu'ils en seraient possesseurs ; mais, dans le cas où ils viendraient à les négocier, ou à les transmettre à leurs héritiers après décès, les dites rentes seraient réduites au taux de 4 p. % ; et , pour que les porteurs actuels ne pussent pas se plaindre avec fondement de cette condition , on leur laisserait la faculté de s'y soustraire en acceptant leur remboursement au pair, faculté dont il est probable que très peu d'entre eux feraient usage.

Mais , dira-t-on , les rentes 5 p. % valent aujourd'hui 108 p. % , et les rentiers qui voudront négocier, ne pouvant transmettre qu'une valeur réduite à 4 p. %, ne pourront le faire qu'à un cours bien au-dessous de celui de 108 p. %.

D'abord, on peut répondre que les rentiers n'ont droit qu'au pair de leurs rentes ; que ni eux ni le gouvernement n'ont jamais pu penser qu'il leur fût dû davantage ; et ensuite, que, l'émission du 4 p. % n'ayant lieu que successivement et avec un fonds d'amortissement, son cours atteindra avant peu le pair, d'autant plus que les spéculations qui se font maintenant sur le 5 p. °/₀ se reporteront sur le 4 p. °/₀.

Le 3 p. °/₀, au cours actuel de près de 80 francs (ceci a été écrit en juin dernier), ne produit que 3 francs 75 centimes d'intérêts ; dans la même proportion, le 4 p. °/₀ vaudrait 106 francs 66 centimes. La proportion entre les deux fonds s'établissant, ce qui semble raisonnable, les détenteurs des rentes 5 p. °/₀, même en négociant, n'auraient rien à perdre à la réduction.

D'autres adversaires diront que la réduction des rentes 5 p. °/₀ sera trop longue à s'opérer. Il est vrai qu'il faudra un assez long temps pour parvenir à la réduction totale ; mais dès la première année elle sera de plusieurs millions, et elle se fera sans secousse et sans nuire au crédit. D'ailleurs, dans cette affaire, l'intérêt des contribuables n'est pas le seul à envisager ; ceux qui ont eu assez de confiance dans le gouvernement pour le rendre dépositaire de leur fortune ont bien droit aussi à quelques considérations.

Il est à remarquer que le revenu des communes et des hospices ne serait pas réduit, leurs rentes n'étant transférées qu'en cas de vente, et seulement avec l'autorisation du Ministre de l'intérieur.

Paris, le 25 juin 1829.

PROJET.

1° A compter du 22 mars 1830 , toutes les rentes 5 p. % qui seront transférées seront réduites au taux de 4 p. % ; c'est-à-dire que , pour une rente 5 p. % consolidés de 100 francs au capital de 2000 francs , il sera délivré au nouveau propriétaire une inscription de 80 francs de rente au même capital de 2000 francs , mais produisant seulement 4 p. % d'intérêts.

2° A compter de la même époque , toutes les rentes 5 p. % dont la mutation aura lieu par suite de décès ne seront inscrites aux noms des héritiers ou légataires qu'après avoir été réduites en rentes 4 p. % , de la manière indiquée à l'article précédent.

3° Les inscriptions de rentes 4 p. % porteront jouissance du commencement du semestre dans lequel elles seront délivrées , sans rappel pour différence d'intérêts pendant le temps que la rente aura appartenu à l'ancien propriétaire dans le semestre.

4° Les propriétaires de rentes 5 p. % qui ne voudront pas se soumettre aux conditions imposées par les articles qui précèdent , seront admis , jusqu'à l'expiration des trois mois qui suivront l'adoption de la loi , à demander leur remboursement au pair , lequel sera fait en même temps que le paiement des arrérages du semestre échéant le.....

5° Son Excellence le Ministre des finances sera autorisé , lorsqu'il connaîtra le montant des rentes 5 p. % à rembourser , à contracter un emprunt en 3 p. % de la somme nécessaire à ce remboursement.

6° Afin d'éviter que l'on puisse continuer à recevoir les intérêts des rentes 5 p. % de personnes décédées , sans faire opérer la mutation , le Ministre des finances pourra exiger, tous les cinq ans, des certificats de vie pour le paiement des arrérages , et les nouveaux propriétaires des rentes sur lesquelles on aura touché des arrérages depuis le décès des précédens propriétaires , et avant la mutation du titre , seront obligés de rapporter les sommes qu'ils auront reçues indûment, et , de plus , il leur sera fait la retenue d'un semestre au profit des hospices.

7° Il sera prélevé sur le fonds annuel d'amortissement des 3 p. % une somme de....., pour servir de fonds primitif d'amortissement aux rentes 4 p. % , et cette somme sera augmentée chaque année à raison de 1 p. % du capital des rentes 4 p. % émises dans le cours de l'année précédente. Cette augmentation sera fixée par une ordonnance du Roi , rendue dans les premiers jours du mois de janvier de chaque année.

NOUVELLES OBSERVATIONS

SUR LE PROJET QUI PRÉCÈDE.

Par un article nouveau, on pourrait laisser la faculté, aux rentiers qui voudraient vendre, de prendre, au lieu d'une rente 4 p. %, une rente 3 p. % au cours moyen de la veille du jour du transfert.

Par exemple, pour une rente 5 p. % de 100 francs au capital de 2000 francs, le cours des 3 p. % étant à 84 francs, on établirait la proportion suivante :

84 : 3 :: 2000 : R. = 71 francs 43 centimes.

On voit que la rente 3 p. % à délivrer serait de 71 francs 43 centimes (on pourrait rembourser la fraction, ou décider que quand elle passerait 10 centimes on donnerait 1 franc). Au moyen de cette faculté laissée aux rentiers, ils seraient sûrs en tout temps d'avoir le pair de leurs rentes 5 p. %.

Le gouvernement ne doit aux rentiers que 100 francs pour 5 francs de rente ; on ne voit pas pourquoi, par une généreuse disposition, il donnerait de la rente 3 p. % à 75 francs, lorsque le cours est à 84 francs. En vendant le jour même, au dit cours de 84 p. %, un rentier recevrait de sa rente 5 p. % un produit de 112 p. %.

On remarquera qu'il est nécessaire de laisser aux héritiers la liberté de prendre une rente 4 p. %, au lieu d'une rente 3 p. % au cours, comme il est dit ci-dessus ; car ce qui serait une faveur , dans le cas de la baisse du cours, pour celui qui vendrait, serait, en cas de hausse , un désavantage pour celui qui conserverait sa rente.

On doit comprendre que l'héritier qui recevrait une rente 3 p. % au cours de 84 francs, pour la conserver , ne toucherait plus que 3 francs 57 centimes p. % d'intérêts, et que , dans ce cas, il choisira une rente 4 p. %.

Quant à l'obligation de produire des certificats de vie de cinq ans en cinq ans, si elle paraît un assujettissement désagréable pour les rentiers, il faut se rappeler que c'est par un abandon de ses droits , et à titre de transaction, que le gouvernement continuerait à leur payer des intérêts sur le pied de 5 p. %.

On se récriera peut-être contre la réduction des rentes 5 p. % après le décès des propriétaires. Les héritiers ou légataires auraient tort de s'en plaindre : se trouveraient-ils dans une position plus favorable, si l'État, usant de son droit, avait remboursé ou réduit la rente du vivant du propriétaire ?

Par les motifs qu'on vient d'exposer, on croit le plan ci-dessus préférable à celui donné par *la Quotidienne*.

Paris, le 10 novembre 1829.

A Monsieur le Rédacteur en chef de la Quotidienne.

Monsieur ,

J'ai lu seulement hier le plan relatif à la réduction des rentes 5 p. % que vous avez publié.

Je crois avoir le premier donné l'idée de ce plan.

1° Par une pétition adressée *le 15 avril* 1824 à la commission de la Chambre des Députés chargée de l'examen du projet de loi sur la réduction du 5 p. %, dans laquelle je proposais de ne réduire les rentes 5 p. % consolidés en 3 p. %, que lors de leur vente ou du décès des propriétaires, en offrant aux rentiers qui ne voudraient du 3 p. % à 75 francs leur remboursement au pair ;

2° Par le projet de réduction ci-joint, que j'ai adressé à M. Lafitte, le 24 juin 1829, et à son Excellence le Ministre des finances, le 29 du même mois ; et que j'ai remis, à la même époque, à deux des membres de la Chambre des Députés.

J'ai entre les mains :

Une lettre du général Foy, du 10 *avril* 1824 , par laquelle il donne son approbation à ma pétition que je lui avais soumise ;

Une lettre très flatteuse d'un des membres les plus honorables et des plus distingués de la Chambre des Députés, du 27 juin 1829 , où il approuve en partie les idées émises dans mon projet de réduction ;

Enfin, un billet du ministère des finances, du même jour 27 juin 1829, dans lequel on me dit « que l'on examinera

« mes observations, et qu'on leur donnera la suite conve-
« nable ».

Je vous prie, Monsieur, d'avoir la bonté de lire les pièces ci-jointes, et, si vous reconnaissez ma prétention fondée, d'insérer ma réclamation dans votre Journal.

L'auteur du plan que vous avez publié a modifié ma première idée quant à l'amortissement ; mais si c'est cette idée qui lui a servi de base, l'objet en est assez important pour que je puisse la réclamer.

Les deux projets diffèrent principalement sur les deux points suivans :

Je propose d'émettre des rentes 4 p. %, au lieu de donner du 5 p. % à 75 francs, qui, à ce taux, produirait aussi 4 p. % ; mais, dans le premier cas, l'augmentation de capital serait moins considérable, et l'on conserverait la possibilité d'une nouvelle réduction, après un nombre d'années que l'on pourrait fixer.

Je voudrais qu'en passant à des héritiers les rentes 5 p. % fussent également réduites, afin de ne pas *éterniser* le 5 p. %. Je reconnais que cette disposition nécessite la production de certificats de vie, de loin en loin ; mais, d'un autre côté, si l'on ne demande pas de certificats de vie, même dans votre système, c'est faciliter la cession des rentes 5 p. % à des tiers, par des conventions particulières et sans mutation du titre.

Je demanderai aussi pourquoi l'on donnerait du 5 p. % à 75 p. %, lorsqu'il vaut 84 francs à la bourse (1) ?

Je serai très reconnaissant, Monsieur, si vous voulez bien avoir égard à ma demande.

Je suis, avec la considération la plus distinguée, etc.

---

(1) Voir les observations ci-dessus à la suite du projet.

P. S. Les raisons dont se sert le *Journal du Commerce* dans son numéro du 8 novembre, pour combattre le plan de réduction publié, ne sont pas applicables à mon projet.

Le *Journal du Commerce* prétend avoir donné l'idée du moyen proposé, par un amendement inséré dans sa feuille du 27 *mai* 1824; et moi je réclame la priorité sur lui, à cause de ma pétition du 10 *avril* 1824, dont le rédacteur de l'amendement a pu avoir connaissance. Cette pétition doit se trouver aux archives de la Chambre des Députés, et elle est d'ailleurs constatée par la lettre du général Foy, que je pourrais encore appuyer d'un autre témoignage.

Nota. Le projet donné ci-dessus pourrait être modifié de la manière suivante :

1° Les propriétaires de rentes 5 p. % seraient tenus de déclarer dans un délai de · · · mois, s'ils consentent qu'en cas de vente ou de décès leurs rentes 5 p. % soient réduites en rentes 4 p. %, moyennant 4 francs de rente pour un capital de 100 francs, ou, à leur choix, en rente 3 p. %, au cours moyen de la veille du jour du transfert, en cas de vente; et au cours moyen du jour du décès, dans ce dernier cas.

2° Ceux qui n'auraient pas déclaré, dans le délai fixé, accepter ces conditions, seraient remboursés au pair, au moyen d'un emprunt en 3 p. %.

3° Une portion des fonds destinés à l'amortissement des 3 p. % serait affectée aux 4 p. %.

La réduction serait de droit pour les communes et les hospices qui négocieraient leurs rentes 5 p. % ; mais une disposition particulière serait nécessaire pour les majorats constitués en 5 p. %.

LETTRE DE M. LE GÉNÉRAL FOY.

Je ne puis qu'applaudir, Monsieur; au zèle honorable qui vous porte à rectifier et corriger un projet de loi dont l'annonce cause tant d'inquiétude; mais je dois vous faire observer que votre pétition à la Chambre ne remplirait pas l'objet utile que vous vous proposez ; car elle n'arriverait pas avant la discussion. Ce que vous avez de mieux à faire, c'est de soumettre vos vues à la commission chargée de l'examen du projet. Cette commission siége au Palais de la Chambre des Députés.

Agréez, Monsieur, l'assurance de ma parfaite considération.

Signé M. FOY.

Samedi, 10 avril 1824.

Extrait de la pétition adressée, le 15 avril 1824, à Messieurs les Députés des départemens composant la Commission chargée de l'examen du projet de loi sur la réduction des Rentes 5 p. °/₀.

MESSIEURS,

Guidé par l'amour du bien public et par l'intérêt qu'inspire une des classes honorables de la société, j'ose prendre la liberté de vous soumettre un moyen qui, en procurant également la réduction des rentes 5 p. °/₀ en rentes 3 p. °/₀, rendrait cette réduction moins onéreuse aux rentiers.

Le projet de loi présenté par les Ministres doit apporter une diminution de 28 millions dans les dépenses de l'État ; mais, malgré l'importance de cette somme, si vous reconnaissez que la réduction est fondée sur un principe injuste, vous vous prononcerez sans doute contre le projet ; comme aussi, j'en suis persuadé, si vous reconnaissez la légalité du projet de loi, vous ne chercherez pas moins à adoucir le sacrifice que l'on exige des rentiers.

C'est principalement ce dernier but que j'ai en vue.

On pourrait, Messieurs, *déclarer que les rentes* 5 p. °/₀ *en seront plus négociables*, et que les détenteurs qui desiseront céder, recevront du gouvernement leur REMBOURSEMENL INTÉGRAL, *ou, à leur choix, une* RENTE 3 P. °/₀, AU TAUX DE 75 P. °/₀; *pour en faire la négociation au cours de la place;* et attendu que cette mesure ne produirait que la réduction des rentes dont les propriétaires voudraient faire la vente, on pourrait aussi autoriser son excellence le Ministre des finances à faire délivrer, en remplacement des inscriptions 5 p. °/₀ qui seraient présentées au Trésor pour la mutation par suite du décès der titulaires, des rentes 5 p. °/₀ au taux de 75 p. °/₀, etc.

S'il faut absolument que les rentes soient réduites, qu'elles le soient donc, Messieurs, de la manière la moins désavantageuse possible aux rentiers. Quant à l'argent que le projet de réduction doit, dit-on, répandre dans le commerce, |j'ai peine à comprendre comment il produira cet effet: car ce qui entrera dans la poche d'un vendeur devra nécessairement sortir de celle d'un acheteur.

En élevant ma voix jusqu'à vous, Messieurs, pour proposer une modification au projet de réduction, je crois remplir un devoir; et, soit qu'on adopte mes idées, ou qu'on les rejette, je serai récompensé, si vous rendez justice au zèle qui me conduit.

Je suis, etc.

L. T. DELARBRE.